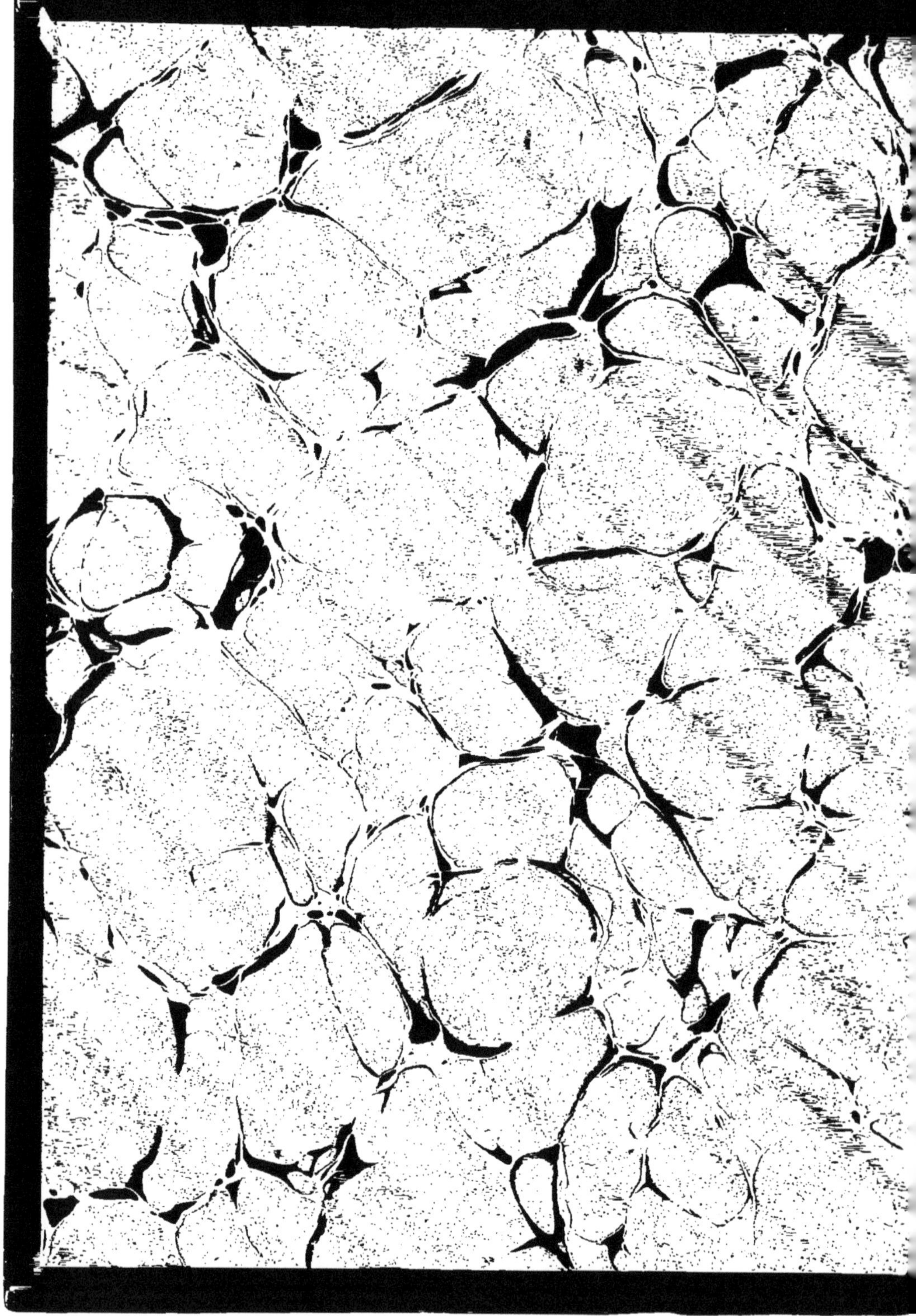

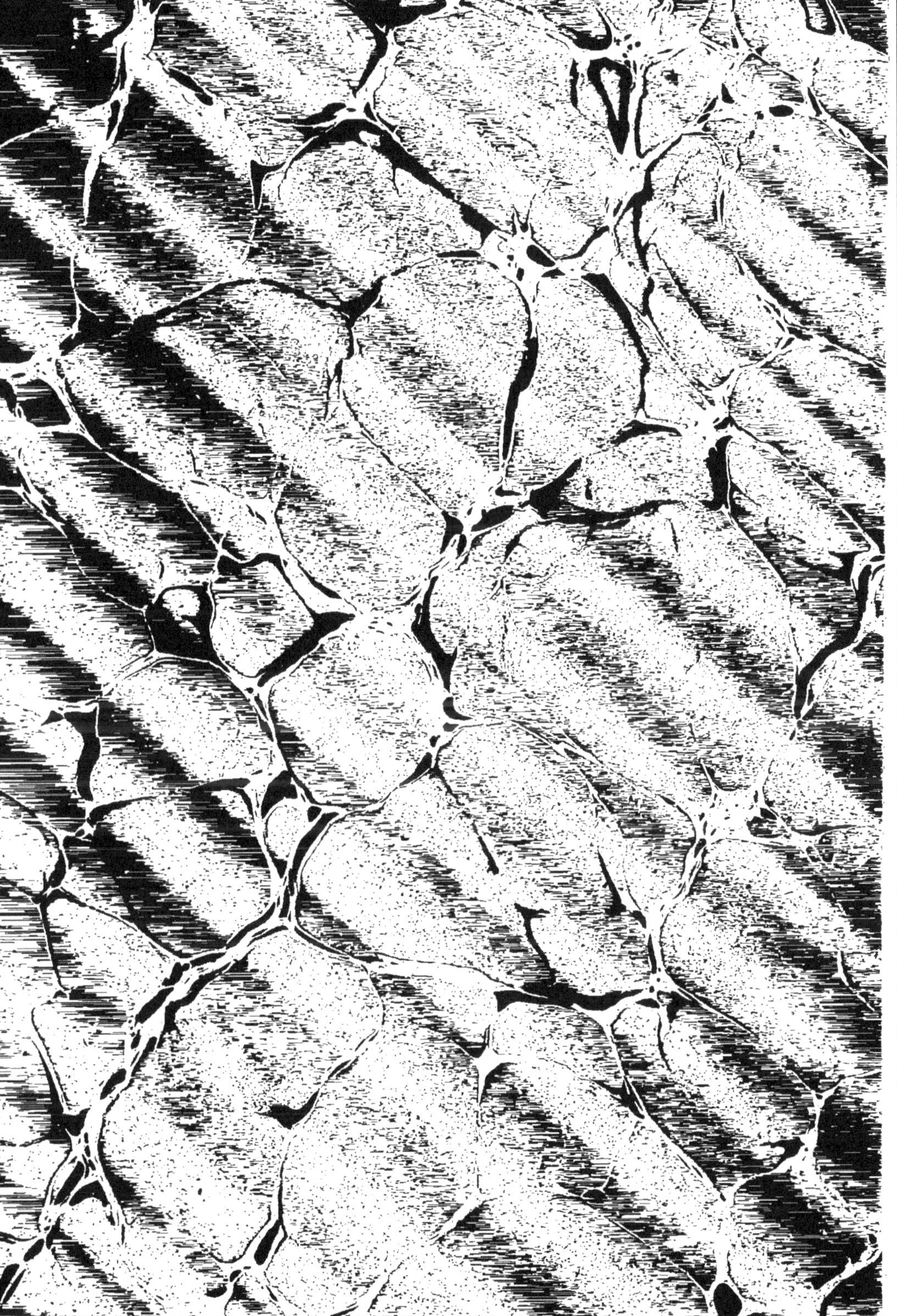

DÉSIRÉE

REINE DE SUÈDE ET DE NORVÈGE

Ce volume a été déposé au ministère de l'intérieur (section de la librairie) en octobre 1888.

PARIS. TYP. DE E. PLON, NOURRIT ET Cie, RUE GARANCIÈRE, 8.

DÉSIRÉE

REINE DE SUÈDE ET DE NORVÈGE

PAR

LE BARON HOCHSCHILD

PARIS
LIBRAIRIE PLON
E. PLON, NOURRIT ET Cie, IMPRIMEURS-ÉDITEURS
RUE GARANCIÈRE, 10

STOCKHOLM
LIBRAIRIE ROYALE DE C. E. FRITZE

1888

AVANT-PROPOS

Les historiens ont consacré des chapitres entiers et même des volumes à quelques-unes des femmes qui furent mêlées aux événements remarquables de la fin du dix-huitième siècle et du commencement du dix-neuvième. Ainsi madame Roland, madame Tallien et madame Récamier sont, pour des raisons différentes, devenues des personnages aussi connus que Danton et Robespierre, que Bernadotte et Moreau, que Fouché et Talleyrand, que tant d'autres hommes enfin à qui la guerre et la politique ont, de 1789 à 1815, donné l'occasion de se faire un nom célèbre.

Je me suis souvent étonné du peu d'attention dont a été l'objet, de la part des auteurs français, une femme, Française comme celles que j'ai nommées, mêlée comme elles aux événements, et dont la vie est un exemple rare des caprices du sort ou, pour mieux dire, de l'impénétrabilité des voies de la Providence.

Je veux tenter ce que ces auteurs ont négligé. Je n'ai pas la prétention d'écrire une histoire — le mot sonne mal à l'oreille lorsqu'il s'agit d'une femme qui ne fut ni une Jeanne d'Arc, ni une Élisabeth d'Angleterre. Mon but est de sauver de l'oubli quelques souvenirs recueillis dans ma jeunesse, et de rendre ainsi hommage à la mémoire de la reine Désirée de Suède et de Norvège.

J'avais vingt-trois ans lorsque, sur la demande de la reine Désirée, je fus attaché à sa cour en qualité de chambellan. Je devais cette faveur aux anciens rapports de Sa Majesté avec mon père qui, sous la Restauration, avait représenté la Suède et la Norvège à Paris, et qui avait alors fréquenté assidûment l'hôtel de la comtesse de Gotland — c'est sous ce nom que Sa Majesté, comme princesse royale d'abord, comme reine ensuite, habita la France de 1810 à 1823. Mon père m'ayant appris à connaître le monde avec lequel il avait vécu à cette époque, je me trouvais à même de pouvoir rappeler à la Reine des personnes et des circonstances qui l'intéressaient, et Sa Majesté fut naturellement amenée à me parler des différentes phases de sa vie.

Aux renseignements que je tiens directement de la Reine j'ajouterai ceux qui me viennent de mon père et ceux que j'ai tirés des papiers conservés aux archives particulières de la famille royale, et dont quelques extraits pourront intéresser le lecteur.

Bellinga (Suède), août 1888.

DÉSIRÉE

REINE DE SUÈDE ET DE NORVÈGE

Bernardine-Eugénie-Désirée Clary naquit à Marseille le 8 novembre 1781. M. Clary père était négociant et fabricant de soieries. Il possédait une fortune considérable selon les idées d'alors, grâce à laquelle ses enfants purent recevoir une éducation soignée. Désirée, ayant été mise au couvent de bonne heure, n'avait gardé qu'un souvenir assez confus de la maison paternelle, et ce n'était que par-ci par-là que quelque incident de sa première enfance lui revenait à la mémoire. Il y en avait un sur lequel il lui plaisait beaucoup d'amener l'entretien : « Un jour, disait-elle, un militaire se présenta chez nous, muni d'un « billet de logement. Mon père, qui n'avait « nullement envie de voir la tranquillité « de sa maison troublée par le tapage que « faisaient ordinairement les soldats, le « mit amicalement à la porte avec une « lettre pour son colonel, dans laquelle il « priait celui-ci de lui envoyer plutôt un « officier. Le militaire renvoyé était le « fourrier Bernadotte, qui devait plus tard « m'épouser et devenir roi. »

Cet incident a dû se passer au retour de Corse du régiment Royal-Marine, lorsque celle qui le racontait était encore trop jeune pour qu'il pût lui faire impression[1]. Il est probable qu'elle en tenait les détails de son époux lui-même, et que madame Clary les aura corroborés.

[1] Bernadotte fut promu fourrier le 21 juin 1786 et resta dans ce grade jusqu'au 11 mai 1788.

La suppression des couvents vint interrompre l'éducation de Désirée. De retour à Marseille, elle eut bientôt le malheur de perdre son père[1]. Son frère aîné devint le chef de la maison de commerce. Quoique marié, il continua à vivre en commun avec sa mère et ses sœurs Julie et Désirée. Deux autres sœurs étaient déjà établies, l'une ayant épousé M. Anthoine (de Saint-Joseph), l'autre M. Villeneuve.

C'est sans doute en 1794 qu'il faut placer l'événement qui mit Désirée Clary en rapport avec les Bonaparte, et qui eut sur sa vie une influence décisive. Voici ce qu'elle racontait à ce sujet :

« Mon frère avait été arrêté, je ne sais à « quel propos, et sa femme était dans un « état d'anxiété extrême, car les tribunaux « révolutionnaires avaient une procédure

[1] M. François Clary mourut à Marseille le 20 janvier 1794.

« terriblement expéditive. Ma pauvre belle-« sœur, qui voyait déjà son mari guillotiné, « résolut pour le sauver de tenter une dé-« marche auprès du représentant du peuple « Albitte, qui se trouvait de passage à Mar-« seille. Ne voulant pas aller seule, elle me « dit de l'accompagner. L'on nous fit entrer « dans une grande pièce qui précédait le « cabinet de celui dont dépendait, à ce qu'il « paraît, la vie de mon frère. Il y avait là « une foule de gens venus pour solliciter des « grâces ou des faveurs. Nous nous assîmes « dans un coin où la fatigue, la chaleur de « cette chambre pleine de monde et les émo-« tions que j'avais traversées depuis la veille « m'accablèrent si bien que je m'endormis.

« Lorsque je me réveillai au bruit d'une « porte que l'on fermait, je me trouvais « sans autre lumière que celle venant d'une « lanterne qui du dehors jetait son reflet « sur le tapis. Ma belle-sœur n'était plus « auprès de moi, et tous les autres sollici-

« teurs avaient également disparu. Ma « belle-sœur, à ce qu'elle m'expliqua plus « tard, n'avait pas voulu me réveiller « lorsque son tour était venu d'entrer chez « Albitte; son audience terminée, elle « n'avait pu me rejoindre; pressée d'ap- « porter à la prison l'ordre d'élargissement « de son mari, elle s'était dit que je sau- « rais bien rentrer sans elle.

« En attendant, j'étais là, un peu effrayée « et ne comprenant rien à ma situation, « lorsque je m'aperçus que je n'étais pas « seule. Au mouvement que j'avais fait, « un homme qui sortait de chez le repré- « sentant s'approcha de moi et, me regar- « dant avec surprise, voulut savoir com- « ment je me trouvais à pareille heure dans « un pareil endroit. Quand je lui eus expli- « qué ce qui m'arrivait, il me rassura sur le « sort de mon frère et ajouta : « Une petite « demoiselle comme vous ne peut pas, la « nuit venue, s'en aller seule par les rues;

« je vais donc vous reconduire jusque chez « vous. » Nous nous mîmes en route, et, chemin faisant, nous causâmes si bien, qu'à « notre arrivée devant la maison de mon « frère, nous étions devenus tout à fait bons « amis. Au moment de nous séparer, je lui « dis que ma mère voudrait certainement « elle-même le remercier du soin qu'il avait « pris de moi, et que je le priais par consé- « quent de venir bientôt nous rendre visite. « — Alors un de ces jours vous me présente- « rez à votre famille? dit-il. — Avec plaisir; « mais je voudrais pouvoir en attendant « dire aux miens le nom de celui qui m'a « protégée ce soir. — C'est juste; vous leur « direz que je m'appelle Joseph Bonaparte.

« Voilà », disait la reine Désirée, « com- « ment les Clary et les Bonaparte ont fait « connaissance. »

Joseph Bonaparte vint dès le lendemain et ne tarda pas à revenir. Il s'était attaché à sa petite protégée, qui de son côté n'était pas insensible aux attentions dont elle était l'objet. Bientôt il devenait l'ami intime de la maison Clary, et au bout de quelques semaines il proposait à Désirée de l'épouser dès qu'elle aurait atteint sa seizième année.

Joseph parlait souvent à ses amis d'un de ses frères, officier d'artillerie, qui venait d'attirer l'attention sur lui au siège de Toulon. Lorsque ce frère vint faire une courte visite à sa famille, qui habitait alors Marseille, Joseph l'amena chez les Clary.

La description que la reine Désirée m'a faite de Napoléon, tel qu'il lui parut à cette époque, ne répond pas à l'idée que je me fais de lui sur la foi des portraits. Ceux-ci me semblent représenter un homme grave et sévère, on dirait taciturne, tandis que, selon celle qui le vit alors pour la première fois, le jeune homme que Joseph Bonaparte lui présenta était d'une gaieté bruyante et tout à fait bon enfant.

« Son arrivée », racontait la Reine, « amena bientôt un changement dans nos plans d'avenir. Il n'y avait pas longtemps que nous le connaissions, lorsqu'il nous dit : « — Dans un bon ménage, il faut que l'un des époux cède à l'autre. Toi, Joseph, tu es d'un caractère indécis, et il en est de même de Désirée, tandis que Julie et moi, nous savons ce que nous voulons. Tu feras donc mieux d'épouser Julie. Quant à Désirée », ajouta-t-il en me prenant sur ses genoux, « elle sera ma femme. » C'est ainsi que je devins la fiancée de Napoléon. »

Pour expliquer la facilité avec laquelle les décrets du futur César furent acceptés en cette occasion, il faut rappeler que Désirée était trop jeune pour éprouver un sentiment bien sérieux, et que Joseph justifiait l'opinion que Napoléon avait de son caractère. Il faut aussi supposer que Napoléon s'était aperçu de l'amour de Julie pour Joseph.

Napoléon ne resta que peu de temps à

Marseille, mais avant son départ madame Clary avait consenti à son union avec sa fille cadette, et il était convenu que cette union s'accomplirait aussitôt que la jeune fille aurait atteint sa seizième année. En attendant, madame Clary, accompagnée de son fils Nicolas et de Désirée, alla s'installer auprès de Julie, dont le mariage avec Joseph avait été célébré peu de temps après l'incident que je viens de relater.

Les fiancés s'écrivaient souvent pendant les premiers mois qui suivirent leur engagement. Leurs lettres ont sans doute été brûlées, mais le hasard a conservé les brouillons de quelques-unes de celles que Désirée adressa à son futur, et qui prouvent combien il lui était cher. Dans l'une d'elles elle lui dit :

« Je t'écris sans savoir où et comment te parviendra ma lettre, je ne sais pourquoi tu as oublié de m'envoyer ton adresse d'Aix. Tu aurais même pu, si tu avais voulu, écrire deux mots à ta bonne Eugénie[1], qui depuis ton départ est dans la plus grande tristesse, qui n'a pas de repos, à qui tout déplaît, que tout inquiète loin de son ami qu'elle aime bien. Tu le sais, combien je t'aime, mais je ne saurais jamais aussi bien te le dire comme je le sens. L'absence et l'éloignement ne peuvent rien au sentiment que tu m'as inspiré; en un mot mon existence est à toi.

« Il est arrivé un représentant, ami de Joseph. Il nous dit qu'à Paris l'on s'amuse. J'espère que les plaisirs bruyants de ce pays ne te feront pas oublier le paisible de Marseille et que tes promenades au bois de Boulogne avec madame T... n'effaceront pas de ta mémoire celles des bords de la rivière avec ta bonne petite Eugénie. Écris-moi le plus tôt possible, non pour me

[1] Napoléon lui donnait presque toujours ce nom.

rassurer sur ton attachement, nos cœurs sont trop bien unis pour qu'ils puissent jamais se séparer, mais sur ta santé qui n'était pas bien bonne lorsque tu es parti. Oh! mon ami, prends soin de tes jours pour conserver ceux de ton Eugénie, qui ne pourrait vivre sans toi. Tiens-moi aussi bien le serment que tu m'as fait de m'aimer, comme je tiendrai celui que je t'ai fait.

« Joseph m'a donné ton adresse, autrement j'aurais été bien embarrassée pour t'écrire; je te prie, si tu en changes, de me l'écrire pour que je puisse t'instruire de tout, car j'espère que tu feras de ton côté comme je ferais du mien tout ce qui peut avancer le moment de notre union pour la vie.

« N'oublie pas ce que tu m'as promis; envoie-moi le plus tôt possible ton portrait; ce sera une si grande consolation pour ton amie! »

Toutes les expressions de cette lettre

indiquent le sentiment sincère de celle qui les a tracées, et dont le cœur d'enfant trouve déjà des mots de femme.

Lorsque Joseph Bonaparte fut chargé d'une mission du gouvernement à Gênes, madame Clary alla également s'y installer avec Désirée et Nicolas. Leur séjour s'y prolongea longtemps et rendit plus difficile la correspondance des fiancés. Napoléon ne pouvait pas ou ne voulait pas s'absenter de Paris, où sa situation devenait de plus en plus importante; mais si ses lettres à Désirée étaient moins fréquentes, il n'oubliait pas dans celles qu'il écrivait à Joseph de se rappeler au souvenir d'Eugénie. Ses sentiments pour elle auraient peut-être résisté au temps et à l'absence si les charmes d'une autre n'avaient pas effacé de son souvenir la gracieuse jeune fille à laquelle il avait promis le mariage.

Ce fut pendant l'été de 1795 que le général Bonaparte devint amoureux de madame de Beauharnais. A partir de cette époque, ses lettres à Joseph font deviner que ses sentiments ont changé. Il ne parle que fort peu de sa fiancée. De son côté, Désirée se sentait froissée de l'indifférence que trahissaient les lettres de Napoléon, dont elle entendait en même temps raconter les assiduités auprès de madame de Beauharnais. Elle cessa pendant quelque temps de lui écrire. Enfin, le 6 septembre, Napoléon exprima ouvertement son projet de rupture dans une lettre à Joseph :

« Adieu, mon bon ami », lui dit-il; « amuse-toi, tout va bien; sois gai, pense à mon affaire, car j'ai la folie d'avoir une maison. Puisque tu n'y es pas et que tu veux rester à l'étranger, il faut bien que l'affaire d'Eugénie se finisse ou se rompe. »

Deux jours après, il écrit à sa belle-sœur pour qu'elle instruise Désirée du changement survenu dans ses sentiments.

Sur le conseil de sa mère et de son beau-frère, Désirée rendit à Napoléon sa parole.

Dans un livre qui a paru dernièrement sous le titre de *Napoléon Ier et son temps*, l'auteur, M. Roger Peyre, raconte la rupture d'une manière différente. Parlant du général Bonaparte, il dit :

« Il n'était pas plus favorisé par le cœur. Son frère aîné, Joseph, avait fait un riche et heureux mariage avec la fille d'un des premiers négociants de Marseille, Julie Clary. Désirée Clary, belle-sœur de Joseph, lui avait fait une vive impression et semblait avoir d'abord encouragé cette inclination naissante. Mais au commencement de juillet 1795 elle avait cessé de lui écrire pendant un voyage qu'elle avait fait en Ligurie. La mélancolie qu'il en ressent se montre dans une lettre à son frère aîné. Il lui demande si l'on passait le fleuve Léthé pour aller à Gênes, et il recommande de ne donner son portrait à celle qui semble l'oublier que si elle le demande encore. »

Il est vrai que Napoléon s'exprime ainsi en écrivant à son frère, mais il n'est pas juste de représenter Désirée Clary comme une jeune fille inconstante. Elle n'avait pas cessé d'aimer celui qu'elle avait promis d'épouser, mais, se sentant supplantée par une autre dans son affection, elle céda à une fierté naturelle en cessant pendant quelque temps de lui écrire. Il ne faut pas perdre de vue en la jugeant qu'elle n'avait à cette époque pas atteint sa quatorzième année, et que, malgré la précocité intellectuelle dont ses lettres font foi, elle manquait nécessairement de la résignation qui ne s'acquiert que par les épreuves. Elle souffrit cruellement de son abandon. Elle l'a dit elle-même, et les lettres que lui adressaient les jeunes filles ses amies, en réponse aux siennes, prouvent qu'elle leur avait fait part de sa vive douleur. Un témoignage plus irrécusable encore de ses sentiments réels se trouve dans la lettre qu'elle écrivit à Napoléon lorsqu'il eut par son mariage rendu leur séparation irrévocable. Une femme eût gardé le silence, une enfant ne connaît pas toutes les lois de la convenance, et plus elle a aimé, moins il lui est possible de comprendre que l'on puisse ne plus aimer et qu'il faille traiter en étranger celui qui a eu toute sa confiance. Voici cette lettre, dont le brouillon se trouve parmi des papiers échappés par hasard à la destruction :

« Vous serez sans doute étonné de recevoir cette lettre après mon long silence, mais je ne puis résister plus longtemps au désir que j'ai de me justifier à vos yeux. Si je n'ai plus votre amour, votre amitié, que j'aie du moins votre estime, c'est la seule consolation qui me reste. Vous vous êtes fâché contre moi de ce que je n'ai pas répondu à votre dernière lettre. Il est vrai, j'ai eu tort, mais cette légère faute méritait-elle un si grand courroux? et d'ailleurs un peu de pique et de jalousie était la cause de la suspension de ma correspondance. On m'avait dit que vous faisiez la cour à une belle et riche dame, et il paraît que c'était votre femme à qui apparemment vous faisiez la cour dans ce temps-là : cette nouvelle me fâcha contre vous et fut la cause de tous mes malheurs. Mais, dites-moi, méritais-je d'être traitée avec tant de cruauté? Ne vous ressouveniez-vous plus de nos engagements? Ne vous avais-je pas promis, si je changeais, de vous en avertir et de vous redemander les gages de mon amour que vous avez encore? L'ai-je fait? C'est donc vous qui avez tort. Si vous êtes juste, vous l'avouerez. Vous m'avez rendu malheureuse pour le reste de ma vie, et j'ai encore la faiblesse de vous tout pardonner.

Vous êtes donc marié ! Il n'est plus permis à la pauvre Eugénie de vous aimer, de penser à vous. Et vous disiez que vous m'aimiez, et un retard de lettre vous brouille sans retour avec celle que vous nommiez votre chère Eugénie, vous engage à vous marier avec une autre ! Vous marier ! je ne puis m'accoutumer à cette idée, elle me tue, je n'y puis survivre, je vous ferai voir que je suis plus fidèle à mes engagements, et, malgré que vous ayez rompu les liens qui nous unissaient, jamais je ne m'engagerai avec un autre, jamais je ne me marierai, mes malheurs m'apprennent à connaître les hommes et à me méfier de mon cœur. Je vous fis demander par votre frère mon portrait, je vous renouvelle ma demande. Il doit vous être bien indifférent, surtout à présent que vous possédez celui d'une femme sans doute chérie, la comparaison que vous devez faire ne peut qu'être à mon désavantage, votre femme étant supérieure en tout à la pauvre Eugénie, qui peut-être ne la surpassait que par son extrême attachement pour vous.

« Après un an d'absence, moi qui croyais toucher au bonheur, qui espérais vous revoir bientôt et devenir la plus heureuse des femmes en vous épousant! Mais point du tout! votre mariage a fait évanouir toute ma félicité. Il est vrai que j'avais des torts envers vous, mais vous m'auriez retrouvée si tendre, si constante, que j'osais me flatter que vous me pardonneriez tout. Le jour de votre départ de Marseille fut bien douloureux pour moi, mais du moins j'avais l'espoir d'être un jour unie à vous; mais à présent la seule consolation qui me reste est de vous savoir persuadé de ma constance, après quoi je ne désire que la mort. La vie est un supplice affreux pour moi depuis que je ne puis plus vous la consacrer.

« Je vous souhaite toutes sortes de bonheurs et de prospérités dans votre mariage, je désire que la femme que vous avez choisie vous rende aussi heureux que je me l'étais proposé et que vous le méritez. Mais au milieu de votre bonheur, n'oubliez pas tout à fait Eugénie et plaignez son sort. »

Il n'y a pas de date à ce manuscrit, mais il est évident que, si la lettre a été effectivement envoyée, Napoléon a dû la recevoir peu de temps après son mariage avec Joséphine, sans doute en août 1796. Désirée Clary était donc âgée de quatorze ans seulement, et l'on ne peut, par cette raison, lui faire un reproche bien grave de sa démarche. Le fait même d'avoir écrit cette lettre prouve la pureté de ses sentiments. Il prouve aussi sa constance.

L'auteur de *Napoléon Ier et son temps* dit en parlant de Désirée Clary : « On peut croire qu'elle regretta plus tard, peut-être même lorsqu'elle fut reine de Suède, la haute fortune qu'elle avait manquée. » Je pense que Napoléon a dû bien des fois, et même avant l'écroulement de sa fortune miraculeuse, se repentir d'avoir brisé des liens qui lui eussent certainement assuré une vie plus heureuse que celle qui fut son partage.

Les blessures du cœur se cicatrisent comme toutes les autres. Au bout de quelque temps, les regrets deviennent des souvenirs, et ces souvenirs, pénibles d'abord, arrivent petit à petit à être choyés comme de vrais trésors. Plus jeune est le blessé, plus prompte est la guérison. Malgré la violence de son chagrin, Désirée Clary ne tarda pas à subir la loi commune. Mais si elle pardonna à l'infidèle, elle garda toujours rancune à celle qui le lui avait enlevé. « Pour qu'un homme de génie comme « Napoléon se laissât subjuguer par une « coquette sur le retour et d'une répu« tation notoirement douteuse, il fal« lait », disait-elle encore soixante ans plus tard, « qu'il n'eût aucune expérience des

« femmes. Même après son second ma-
« riage, Joséphine fit parler d'elle, et ce ne
« fut pas sans de bonnes raisons que son
« mari exigea qu'elle vienne le rejoindre
« pendant la campagne d'Italie et qu'à son
« retour d'Égypte il voulut la répudier. »

Madame Clary prolongea son séjour à Gênes tant que son gendre Joseph Bonaparte y resta. Désirée s'y trouvait bien et y était l'objet d'une sympathie que justifiaient les charmes de sa personne autant que les torts de celui qui l'avait délaissée. Elle se lia étroitement avec la femme du ministre de France près la République génoise. Le salon de madame Faipoult était le rendez-vous de tous les Français bien élevés, réfugiés à Gênes, et l'on y rencontrait beaucoup d'officiers de l'armée d'Italie. C'est là que le général Duphot lui fut présenté et lui fit la cour. Il était très protégé par M. Faipoult, qui voulait, en le mariant avec la belle-sœur de Joseph Bonaparte, lui assurer un bel avenir; mais mademoiselle Clary n'éprouvait pas de goût pour cette alliance et laissa Duphot repartir pour l'armée sans lui avoir donné le moindre espoir. Cependant M. Faipoult n'abandonna pas son projet. Joseph Bonaparte ayant été sur ces entrefaites nommé ambassadeur à Rome, où sa belle-sœur devait l'accompagner, M. Faipoult obtint de celle-ci l'autorisation de dire à Duphot qu'elle le reverrait avec plaisir s'il parvenait à se faire adjoindre à l'ambassade. Dans la lettre qui va suivre il apprend à sa jeune amie comment il s'est acquitté de sa mission.

« Milan, le 21 brumaire an VI.

« C'est avec empressement, aimable citoyenne, que je profite d'un moment pour vous donner un compte exact de ma conduite. Bien disposé à remplir la commission dont je m'étais chargé, j'allais écrire à Vérone lorsque j'ai rencontré mon cher général en personne, l'aimable sauveur de Gênes. Alors, après nos étroites embrassades, je lui ai dit de vive voix ce que je me proposais de lui écrire. Duphot est dès lors heureux, Duphot est aussi reconnaissant qu'il est sensible. Voilà ce dont je puis répondre à toute la terre. Il part après-demain pour Rome. Là il attendra avec l'impatience que vous pouvez aisément vous figurer l'arrivée d'une famille pour laquelle il a conçu estime, vénération, attachement, etc., etc.

« Bonaparte ne lui a donné qu'un congé d'un mois. C'est à lui à employer ce court temps à assurer pour la vie sa félicité, ou, pour mieux dire, ce sera à vous, belle et aimable républicaine, à songer aux récompenses que mérite un des plus braves et des plus généreux et des plus aimables héros de notre armée.

« Voilà ce que j'ai à vous raconter. Je désire retourner au plus tôt à Gênes; mais quoique j'y rapporterai le contentement, je serai charmé de vous voir déjà en route pour votre destination; je sais faire des sacrifices à mes amis.

« Respect autour de vous. Veuillez croire aux sentiments de sincère attachement que je vous ai voués pour la vie.

« FAIPOULT. »

En demandant au général en chef un congé pour se rendre à Rome, Duphot lui avait fait part de ses espérances. Bonaparte, qui sans doute désirait que son ex-fiancée se mariât le plus tôt possible, accorda le congé et écrivit en même temps à son frère :

« 12 novembre 1797.

« Le général Duphot te remettra cette lettre. Je te le recommande comme un très-brave homme. Il te parlera du mariage qu'il désire contracter avec ta belle-sœur, je crois cette alliance avantageuse pour elle; c'est un officier distingué. »

Une recommandation pareille, venant de celui que la famille Bonaparte considérait déjà comme son arbitre, devait nécessairement décider Joseph à favoriser la candidature de Duphot à la main de Désirée Clary. Aussi est-il très vraisemblable que Désirée aurait fini par consentir à l'union que l'on projetait pour elle, si la mort de Duphot n'avait mis un terme aux préliminaires. Toutefois il n'est pas exact que le mariage fût définitivement arrêté, comme l'ont prétendu les biographes de Duphot, se basant sur les expressions employées par Joseph Bonaparte dans la dépêche qu'il adressa à Talleyrand pour rendre compte de l'émeute où Duphot perdit la vie.

Lorsque, en 1856, je faisais à la reine Désirée la lecture de la correspondance de Joseph Bonaparte, qui venait d'être publiée, et que je fus arrivé au passage où l'ambassadeur écrit au ministre des relations extérieures : « La nouvelle compa-

« gnie pourrait librement entrer dans le « palais, où ma femme, sa sœur, *celle « qui devait être le lendemain l'épouse du « brave Duphot*, venait d'être emportée de « force par mes secrétaires et deux jeunes « artistes », Sa Majesté m'interrompit en ces termes : « Mais ceci n'est pas vrai ! « Joseph a voulu faire une belle phrase, « jamais je n'aurais épousé Duphot, qui ne « me plaisait pas du tout. »

La belle phrase de Joseph Bonaparte s'explique aisément par son envie de plaire à son frère. Duphot mort, il n'y avait pas d'inconvénient à dire que, s'il avait vécu, les désirs, pour ne pas dire les ordres de Napoléon, se fussent réalisés. Les choses n'en étaient pas là pourtant. Non seulement Désirée Clary n'éprouvait pas d'amour pour Duphot, mais il y avait encore d'autres obstacles à leur mariage. Du moins peut-on le penser en lisant la lettre suivante :

LÉGATION DE GÊNES

LIBERTÉ — ÉGALITÉ

Gênes, le 26 frimaire an VI
de la République française une et indivisible.

L'envoyé extraordinaire et ministre plénipotentiaire de la République française près celle de Gênes

« A LA CITOYENNE EUGÉNIE CLARY.

« Comment votre santé délicate s'est-elle accommodée des fatigues d'une longue route? Comment chez vous s'est terminée la petite guerre entre la perspective de ce qui vous attendait à Rome et l'impatience d'y arriver?

« Que vous est-il arrivé depuis?

« Je vous assure que vous avez trouvé un homme fidèle. Je reçois de lui une lettre charmante. Il a été accusé faussement. Je l'ai affligé mortellement en le lui faisant connaître. C'est à vous que je m'adresse pour guérir les maux que ma correspondance a faits à son cœur. Je voudrais que vous lisiez les expressions touchantes que lui ont (*sic*) dictées sa susceptibilité. Elles lui ont valu de nouveaux droits à mon estime et à mon attachement, si ceux qu'il avait pouvaient croître.

« Ma femme se porte bien. Ses lettres sont pleines de vous.

« Mes hommages à la chère maman et compliments au citoyen Clary.

« Respect et dévouement.

« FAIPOULT. »

Quelles étaient les accusations dont parle cette lettre? Il est à supposer qu'elles avaient trait à certains détails intimes. Duphot avait un fils âgé de trois ans à cette époque, ainsi que le prouve le placet adressé par son frère, Pierre Duphot, aux commissaires chargés de l'organisation du gouvernement romain pour les prier d'allouer l'indemnité « qu'il leur plaira déterminer » à la famille de la victime de l'émeute du 27 décembre 1797. Était-ce un enfant illégitime? Le placet n'en dit rien, mais c'est vraisemblable, de même qu'il est à présumer que la connaissance de ce fait aura effarouché madame Clary et sa fille.

Désirée Clary quitta Rome avec Joseph Bonaparte immédiatement après la journée néfaste du 27 décembre. Son séjour dans la Ville éternelle avait été de si courte durée qu'elle n'avait pas même eu le temps de visiter l'église de Saint-Pierre. Pour elle le souvenir de Rome était tout entier dans la scène terrible à laquelle elle avait assisté du haut de l'escalier de l'ambassade de France, au moment où l'on apportait le corps inanimé de l'infortuné Duphot. « C'est », disait-elle, « comme un tableau que j'ai devant les yeux. »

Rentrée en France, Désirée Clary fut bientôt entourée de prétendants à sa main. Malgré son extrême jeunesse, ses charmes et sa fortune eussent suffi pour les attirer, mais la situation de plus en plus importante de la famille Bonaparte augmentait encore les avantages d'une alliance avec la belle-sœur de Joseph.

J'entendis parler dans la circonstance suivante de l'une des demandes en mariage dont elle avait été l'objet. Au retour d'un voyage en Islande en 1856, le prince Napoléon vint à Stockholm. Le duc d'Abrantès, qui accompagnait le prince, sollicita une audience particulière de la Reine mère. J'étais alors de service auprès de Sa Majesté. Lorsque après l'audience j'entrai chez la Reine, je la trouvai souriante et rêveuse. « Quand je pense », dit-elle, « que j'aurais pu épouser son père! Dans le temps Junot a demandé ma main. Il s'y est pris gauchement. Par timidité il a chargé Marmont de me présenter la demande. Ah! si Marmont avait parlé en son propre nom, qui sait? j'aurais peut-être dit oui, — il était si bel homme! »

En 1798, Bernadotte, déjà très lié avec Joseph Bonaparte, demanda Désirée Clary en mariage. Il était dans une grande position et jouissait à juste titre de l'estime de tous les partis. Comme ministre de la guerre, il avait refusé son concours au coup d'État que méditaient quelques-uns de ses compagnons d'armes pour renverser le Directoire, de même qu'il devait plus tard le refuser à Bonaparte le 18 brumaire. Désirée ne le connaissait pas beaucoup, « mais c'était », disait-elle, « autre chose « que ceux que j'avais refusés, et j'ai con« senti à l'épouser lorsqu'on m'a dit qu'il « était homme à tenir tête à Napoléon ».

Le mariage eut lieu le 30 thermidor an VI, « par-devant Étienne Bouvet, agent municipal de la commune de Sceaux-l'Unité ».

« Sont comparus en la maison commune », — dit l'acte de mariage — « pour contracter mariage : Jean-Baptiste Bernadotte, âgé de trente-cinq ans, général divisionnaire des armées de la République, demeurant actuellement en cette commune, fils de défunt Henry Bernadotte, procureur au sénéchal de Pau, département des Basses-Pyrénées, et de Jeanne de Saint-Jean, son épouse, et Bernardine-Eugénie-Désirée Clary, âgée de dix-huit ans, fille mineure de défunt François Clary, négociant de Marseille, et de Françoise-Rose Somis, ses père et mère, résidant actuellement à Gênes, lesquels futurs conjoints étaient accompagnés d'Antoine Morin, âgé de vingt-six ans, capitaine au 20e de chasseurs à cheval, demeurant actuellement en cette commune; de François Desgranges, âgé de cinquante ans, notaire public, domicilié en cette commune; de Joseph Bonaparte, âgé de trente ans, membre du conseil des Cinq-Cents, fondé de pouvoir de la citoyenne Françoise-Rose

Somis, veuve de défunt François Clary, suivant l'acte ci-après daté; de Justinien-Victoire Somis, âgé de cinquante ans, propriétaire, demeurant à Paris, place Vendôme, n° 8, oncle de la future; et de Louis Bonaparte âgé de vingt-six ans, aussi membre du conseil des Cinq-Cents, demeurant à Paris, rue du Rocher, ainsi que son frère susnommé; . . . . . Après avoir fait lecture en présence des parties et desdits témoins : 1° de . . . . . . 4° de l'extrait de l'acte de naissance dudit citoyen Bernadotte, du vingt-six janvier mil sept cent soixante-trois, tiré des registres de la commune de Pau, et autres pièces. . . . . . j'ai prononcé au nom de la loi que Jean-Baptiste Bernadotte et Bernardine-Eugénie-Désirée Clary sont unis en mariage. Et j'ai rédigé le présent acte en présence des parties et desdits témoins, qui ont signé avec moi, ainsi que d'autres parents et amis présents.

« Fait en la maison commune, à Sceaux-l'Unité, les jour, mois et an susdits.

J. BERNADOTTE.

B.-E.-DÉSIRÉE CLARY. SOMIS.

LUCIEN BONAPARTE.

CHRISTINE BONAPARTE. BONAPARTE.

MAURIN. F. DESGRANGES.

CLARY BONAPARTE.

BOUVET,
Agent municipal. »

Napoléon était en ce moment-là en Égypte et n'exerça aucune influence sur son frère Joseph par rapport au mariage. En apprenant qu'il en était question, il avait écrit du Caire : « Je souhaite bonheur à Désirée si elle épouse Bernadotte ; « elle le mérite. »

Le général Bernadotte et sa femme s'établirent à Paris, où l'année suivante madame Bernadotte donna le jour à un fils. « Le Roi », me dit la reine Désirée en parlant d'Oscar Ier, « est né dans la maison cisal- « pine, près la barrière de Monceaux. » (Elle prononçait Mousseaux.)

Le retour de Bonaparte d'Égypte et les événements qui aboutirent au 18 brumaire remirent en présence madame Bernadotte et celui qu'elle n'avait pas rencontré depuis la rupture qui lui avait causé un si vif chagrin. Maintenant, heureuse épouse et heureuse mère, elle le revit sans embarras, et les meilleurs rapports ne tardèrent pas à s'établir entre eux. Plus d'une fois elle usa de son influence sur Bonaparte pour détourner son courroux de ceux qu'il accusait de mettre obstacle à ses plans. Non seulement Bernadotte, mais Moreau et d'autres républicains qui voulaient s'opposer à une dictature dès lors entrevue, profitèrent de cette influence.

Plus un général avait de mérite, plus le service le réclamait. Les absences de Bernadotte étaient fréquentes, et la jeune femme aurait mené une assez triste existence, si elle n'avait eu son fils, qu'elle idolâtrait, et si sa sœur, madame Joseph Bonaparte, ne l'avait aidée à supporter sa solitude. Les deux sœurs s'aimaient tendrement, et les quelques années que Julie avait de plus que Désirée donnaient à l'aînée une autorité salutaire sur la cadette. Celle-ci, d'un naturel indolent, d'un tempérament calme et d'un caractère extrêmement honnête, courait d'ailleurs moins de dangers que d'autres femmes, jeunes et jolies comme elle, dont les maris se trouvaient plus souvent sur les champs de bataille qu'au coin de leur foyer.

Il y a parmi les papiers laissés par la reine Désirée quelques lettres que lui avait adressées son époux, lorsqu'il commandait en Vendée. Elles donnent, mieux que je ne saurais le faire, une idée de l'affection, peut-être un peu trop paternelle, de Bernadotte pour sa femme.

« Rennes, le 16 floréal an IX.

« Je t'envoie, ma bonne petite, copie de la lettre que j'écris à Joseph, relativement à Ernouf. Elle lui est portée par son aide de camp, je te prie d'en prendre connaissance pour être à même de servir Ernouf, en mettant au courant Joseph de tous les titres qu'il a à son estime et à mon amitié.

« Puisque je t'emploie dans cette circonstance, tu dois juger du degré d'intérêt que j'attache à ce que l'affaire réussisse. En rappelant les époques à Joseph, il s'en occupera, et alors l'affaire tournera à bien. Je connais ta timidité et ton invincible répugnance à former des demandes, mais, ma bonne petite, telle est la situation du général Ernouf, que s'il échappe cette occasion, il sera très difficile d'en trouver une semblable.

« J'espère de ton amitié que tu te rendras à Morfontaine, sitôt ma lettre reçue, si Joseph n'est pas à Paris, et que tu le détermineras à parler à son frère, ou du moins à lui écrire. Il serait plus avantageux qu'il pût le voir, il le déterminerait sans doute.

« Depuis mon départ je n'ai pas reçu une ligne de toi, je deviendrai jaloux si tu continues d'être aussi paresseuse. Tu sais que je n'aime point les extrêmes, il faut en tout un juste milieu.

« Je partirai le 18 pour le Morbihan, Gérard se rendra à Paris pour le 10 du mois prochain. Je te souhaite de la gaieté, et surtout de la raison.

« Ma tendresse pour toi durera autant que l'existence de

« J. BERNADOTTE.

« *P. S.* Je suis curieux de savoir quels sont les maîtres que tu as pris. Amitié à la famille. »

A cette lettre s'en trouve jointe une du général Ernouf, que je copie également :

« MADAME,

« Le général Bernadotte vous instruit de la disgrâce que j'éprouve dans ce moment. Je vous prie de vouloir bien y prendre quelque intérêt. Je serai bien reconnaissant de ce que vous aurez la bonté de faire pour moi dans cette malheureuse circonstance : je remets mon sort entre vos mains.

« J'ai l'honneur de vous saluer respectueusement.

« ERNOUF.

« A Rennes, le 16 floréal an IX. »

La mesure qui frappait le général Ernouf, sa mise à la réforme, ayant été rappelée, on peut en conclure que madame Bernadotte s'est acquittée consciencieusement de la commission dont son mari l'avait chargée.

Je copie encore quelques autres lettres du général Bernadotte.

« Pontivy, le 24 floréal an IX.

« Je réponds, ma bonne Désirée, à ta lettre du 19 floréal, et je commence par te remercier de tes bonnes dispositions en faveur du général Ernouf. L'injustice qui l'a frappé a été sensible à tous les militaires, car personne ne s'imaginait que la réforme pût tomber sur lui. J'ai fait mon devoir comme chef en écrivant pour lui, et en te priant de t'intéresser dans son affaire j'ai cédé au cri de l'amitié. Quelle qu'en soit l'issue, je n'en suis pas moins reconnaissant pour les soins et l'empressement que tu y mets.

« Je t'estime trop pour être jaloux, mais je t'aime assez pour désirer que tu sois heureuse; l'on ne peut l'être quand on est gênée ou suivie. . . . .

. . . .

« Ta docilité me comble, et je suis aux anges de te voir enfin décidée à continuer de prendre des leçons de danse. Tu serais bien aimable si tu voulais continuer la musique. Alors tu serais divine.

« Chiappe va te voir de trop bonne heure. Son amitié pour moi, ses mœurs et ta réserve me tranquillisent.

« Adieu, ma bonne amie, je t'embrasse comme je t'aime, c'est-à-dire bien tendrement.

« J. BERNADOTTE. »

« Pontivy, le 6 prairial an IX.

« MON AMIE,

« Il me tarde d'être instruit, ma bonne amie, si tu es enfin déterminée à sevrer Oscar. Déjà grand, il est, ce me semble, en état de supporter cette privation. Au reste, tu es pleinement maîtresse d'adopter le parti que ta petite expérience et ta tendresse pour lui te feront paraître meilleur.

« Le désir de conserver intacte ta jolie petite mine doit te faire pencher vers le système de la vaccine, mais sur ce point comme sur le précédent, liberté entière. Je dois de la reconnaissance à Truguet. Il se conduit en collègue[1] obligeant. Général, beau garçon, aimable et célibataire, voilà bien des titres pour capter la bienveillance d'une jeune femme.

« Je ne ferai emplette de chevaux qu'autant qu'on m'en offrira de bons, les tiens ne me paraissent pas cependant propres à pouvoir te servir longtemps.

« C'est une folie de s'inquiéter. Ta jeunesse doit te distraire; mon amitié et mes instances devraient te rendre raisonnable. Le printemps de l'âge passe comme l'ombre, et l'hiver vient nous trouver trop vite avec ses glaçons.

« Si à la fin du mois Bonaparte ne m'appelle pas sur les côtes de Flandre, je lui écrirai pour lui rappeler sa promesse, et

[1] Bernadotte et Truguet étaient tous les deux conseillers d'État.

s'il n'y a rien de nouveau tu pourras, si tu veux, venir passer un mois avec ton ami. Malgré le désir que j'ai de te voir, je tiens beaucoup à ce que tu perfectionnes un peu ton éducation. Les talents d'agrément, tels que la danse et la musique, sont bien essentiels. Quelques leçons de M. Montel te seraient utiles. Je m'aperçois que je conseille trop, je me tais et je t'embrasse sur les lèvres.

« Ton ami,
« J. BERNADOTTE. »

ARMÉE DE L'OUEST — RÉPUBLIQUE FRANÇAISE

LIBERTÉ—ÉGALITÉ

« Au quartier général à Pontivy, le 8 prairial an IX de la République française une et indivisible.

Bernadotte, conseiller d'État, général en chef.

« A SA PETITE.

« Depuis huit jours, ma bonne Désirée, je t'ai écrit quatre ou cinq lettres; je ne conçois point qu'elles ne te soient pas parvenues.

« Je me porte bien. Par le dernier courrier je t'ai écrit longuement; donne-moi de tes nouvelles et marque-moi si la lettre où je te parle de l'envoi que je dois te faire t'a été remise.

« Tu ne me dis rien de tes progrès sur la danse, la musique et tes autres talents. Quand on est loin, on est curieux de savoir si sa petite profite des leçons qu'elle reçoit. Adieu, je te baise sur tes petits yeux, fais-en autant à Oscar.

« Ton ami,

« J. BERNADOTTE. »

« Pontivy, le 18 prairial an IX.

« Je suis à savoir, ma bonne Désirée, ce que ma lettre du 6, dont tu te plains par ta dernière, peut avoir de rigoureux. Je n'ai eu d'autre prétention dans celle-là ni dans toutes les autres, que de parler le langage d'un sincère et véritable ami. Je regrette bien sincèrement que tu leur aies trouvé d'autre signification.

« Je ne veux pas te traiter en enfant, mais en bonne amie et en femme raisonnable; toutes les expressions que j'emploie tendent à te donner cette assurance.

« Gérard a dû t'écrire. Sa lettre doit te prouver que tu es maîtresse de tes dispositions. Je pense comme toi sur les talents; quelque disposition qu'on ait, on les acquiert avec lenteur, et le travail ennuie. Néanmoins, avec un peu de résignation et de volonté l'on réussit quand on n'a pas épuisé le cinquième lustre. . . . .

. . . .

« Donne-moi souvent des nouvelles de ta santé, et dis-moi que tu m'aimes.

« Je t'embrasse bien tendrement.

« J. Bernadotte.

« *P. S.* Ton petit cheval se porte bien. »

J'ai reproduit ces lettres parce que, ainsi que je l'ai dit, elles donnent une idée exacte de la nature des sentiments de Bernadotte pour sa jeune femme. On y trouve l'affection sincère de l'homme mûr pour une compagne qui vient de sortir de l'adolescence, la préoccupation constante de l'ami paternel, et en même temps une petite pointe de jalousie *maritale*.

De son côté, Bernadotte ne donnait aucun sujet de jalousie à sa femme. Si parfois il lui arrivait de se montrer attentif auprès d'une autre, ce n'était que pour servir les intérêts de son ambition. Madame Récamier, à qui il témoigna toujours beaucoup d'empressement, en ressentit quelque dépit. « Expliquez-moi », dit-elle un jour à madame Bernadotte, « comment il se fait que lorsque votre mari parvient à se trouver seul avec moi dans un bosquet, il me parle de politique. »

La proclamation de l'Empire et l'élévation de Bernadotte à la dignité de maréchal ne semblent pas avoir beaucoup impressionné madame Bernadotte. Tant de choses extraordinaires étaient arrivées depuis qu'elle avait atteint l'âge de raison qu'elle considérait comme tout à fait naturel ce qui nous paraît prodigieux. Elle eût plutôt été surprise si son mari n'avait pas été compris dans la promotion. Il en fut de même lorsque le maréchal devint prince de Pontecorvo. Elle aurait été tout à fait indifférente à son titre de princesse si elle n'avait craint un moment de devoir quitter la France pour s'établir en Italie, selon le vœu que lui en exprima une députation de la petite principauté. La réception de cette députation lui avait causé une émotion dont pourtant elle s'était bientôt remise en apprenant qu'il ne s'agissait de fait que d'une distinction honorifique.

Lorsque Bernadotte fut envoyé à Hanovre comme gouverneur et ensuite à Hambourg comme commandant en chef des troupes françaises dans la basse Saxe, sa femme resta longtemps sans le voir. Elle recevait cependant fréquemment de ses nouvelles et lui écrivait sans cesse, le tenant au courant de ce qui se passait en France. Elle en était bien instruite grâce à sa sœur et à son beau-frère, avec qui elle vivait dans la plus grande intimité.

Quand Joseph Bonaparte fut placé par son frère sur le trône de Naples, la maréchale Bernadotte éprouva un profond chagrin, car elle se crut à jamais séparée de sa sœur, qui accompagna son mari. Elle avait bien à Paris une autre sœur, madame Villeneuve, mais ses relations avec celle-ci, tout en étant très cordiales, se ressentaient de la différence d'âge qu'il y avait entre elles. Ce fut donc avec joie que la maréchale salua le retour en France de la reine Julie, qui ne voulut pas suivre Joseph en Espagne. A partir d'alors et jusqu'en 1814, Julie et Désirée se virent sans cesse, et l'on peut dire que leurs enfants furent élevés ensemble jusqu'au jour du départ pour la Suède du jeune prince Oscar.

La princesse de Pontecorvo menait à Paris une vie paisible dans l'hôtel que son mari avait acheté rue d'Anjou-Saint-Honoré, et qui devint le rendez-vous d'un cercle intime d'amis et de parents. On y voyait ses sœurs, la reine Julie, mesdames Anthoine de Saint-Joseph et Villeneuve, ses nièces, qui devinrent les duchesses Decrès et d'Albuféra, la baronne Lejeune et la comtesse Joachim Clary, MM. Clary, de Chimay, Boulay de la Meurthe et d'autres personnes encore qui, soit par goût, soit par des raisons politiques, préféraient le calme de la rue d'Anjou aux agitations des Tuileries et de Saint-Cloud. L'éloignement que la princesse de Pontecorvo ressentait à l'égard de l'impératrice Joséphine et de la reine Hortense, et qui sans doute était comme toujours réciproque, limitait aux cérémonies officielles ses apparitions à la cour. Cependant ses relations avec Napoléon n'avaient pas cessé d'être cordiales, quoiqu'elles se ressentissent parfois de la méfiance que Bernadotte inspirait à l'Empereur. Napoléon ne négligeait aucune occasion de témoigner son amitié à la princesse. Lorsque, à l'entrevue d'Erfurt, il reçut de l'empereur Alexandre trois pelisses de prix, il en envoya une à la princesse de Pontecorvo [1]. Le fait est sans grande importance, mais il prouve le caractère de leurs rapports.

Bien des fois la princesse usa avec succès de son influence sur l'Empereur en faveur de son mari et des amis de celui-ci. Ce ne fut qu'après la bataille de Wagram que Napo-

[1] Constant raconte dans ses Mémoires que l'Empereur garda l'une de ses pelisses et qu'il donna la troisième à sa sœur favorite Pauline, qui s'empressa d'en faire cadeau à M. de Canouville.

léon laissa éclater son aversion pour Bernadotte. On lit dans les Mémoires de Bourienne en quels termes Bonaparte s'était exprimé sur le compte de l'homme en qui il avait vu un rival. « Ce diable d'homme », disait-il au lendemain du 18 brumaire, « est peu susceptible de séduction, il est désintéressé, il a de l'esprit... » C'étaient autant de fautes aux yeux de celui qui devait se dire qu'il ne serait pas parvenu à poser sur sa tête la couronne impériale si tous les généraux français avaient eu les vertus de Bernadotte.

Bernadotte était encore sous le coup de sa disgrâce lorsqu'il fut appelé à la succession du trône de Suède. La princesse de Pontecorvo reçut la première nouvelle des hautes destinées de son mari avec une parfaite indifférence. Elle ne s'était jamais occupée des pays étrangers, à l'exception de l'Italie et de l'Espagne, et eût été fort embarrassée d'indiquer au juste où était situé celui dont maintenant elle entendait sans cesse répéter le nom. « Je pensais », dit-elle, « que c'était comme Pontecorvo, un endroit dont nous allions prendre le titre. » En apprenant qu'elle allait devoir s'expatrier pour tout de bon, elle fut au désespoir. Quitter sa famille et ses amis lui semblait un trop grand sacrifice. Certes, jamais couronne royale n'a inspiré moins de convoitise.

Il fallut pourtant qu'elle se résignât a entreprendre le long voyage que sa nouvelle dignité lui imposait. Son Altesse Royale la princesse royale de Suède arriva à Stockholm peu de temps après son auguste époux.

Le vieux roi Charles XIII s'était dès l'abord attaché au fils d'adoption que le choix de ses sujets lui avait donné. Ce fut avec une bonté paternelle qu'il accueillit dans sa famille la femme du soldat de fortune béarnais, la fille du négociant de Marseille. La princesse royale en fut profondément touchée, mais elle ne put cependant résister à la tentation de retourner en France. Peut-être serait-elle restée en Suède alors si elle n'avait été entourée que de Suédois; mais les Français qui l'avaient accompagnée n'entendaient pas s'exiler et se sentaient d'ailleurs fort mal à l'aise dans un milieu dont les idées et les coutumes leur étaient de toute façon étrangères.

Bernadotte — ou, comme il s'appela à partir d'alors, le prince royal Charles-Jean — ne s'opposa pas à son départ. On ne saura sans doute jamais quelles étaient à cette époque les pensées secrètes de l'élu de la nation suédoise sur l'avenir qui lui était réservé. Il est certain qu'il ne se sentait pas à l'abri des coups du sort et qu'il appréhendait un mouvement politique rappelant sur le trône de Suède le fils et successeur légitime de Gustave IV Adolphe. Depuis qu'il était admis dans les conseils des souverains, il n'ignorait pas qu'une coalition formidable se préparait contre Napoléon, et, sachant, par ce qu'il avait vu pendant son long séjour dans le nord de l'Allemagne, à quel point le joug de l'étranger y était détesté, il entrevoyait la chute prochaine du despote qui à ce moment même semblait plus puissant que jamais. Il a été dit[1] qu'à l'entrevue d'Åbo, en 1812, l'empereur de Russie aurait flatté le prince royal de Suède en lui faisant entendre que la fin de l'Empire en France n'aurait pas pour conséquence nécessaire le rétablissement des Bourbons, et que les Français qui offriraient éventuellement le pouvoir à Bernadotte pourraient compter sur l'appui de la Russie. Cela n'est pas absolument impossible, car l'entrevue d'Åbo eut lieu avant que Charles-Jean, en tirant l'épée contre Napoléon, se fût aliéné les sympathies des Français. Il est, par

[1] Mémoires de Bourrienne.

contre, certain qu'aucun acte de Charles-Jean n'autorise le soupçon qu'il ait nourri le projet d'abandonner sa nouvelle patrie dans un but d'ambition personnelle. — En 1810, époque de la première arrivée en Suède de la princesse royale, Charles-Jean ignorait nécessairement par quels moyens s'achèverait la chute de Napoléon, mais il prévoyait cette chute comme un événement inévitable, il en calculait les effets et il devait plutôt désirer que son épouse se trouvât au moment de la crise à Paris, où sa présence ne susciterait pas d'embarras. De toute manière la princesse pouvait en retournant en France lui faciliter les moyens de rester en relations suivies avec ses anciens amis et le mettre à même d'être renseigné sur bien des choses qu'il avait intérêt à connaître.

Sous le nom de comtesse de Gotland, la princesse revint habiter son hôtel de la rue d'Anjou. Elle y reprit ses anciennes habitudes en y retrouvant ses anciens amis, et rien n'aurait trahi sa qualité royale si l'on n'avait, à partir d'alors, rencontré dans son salon tous les Suédois de distinction de passage à Paris. Elle n'avait pas de cour suédoise, mais une dame de compagnie, qui depuis quelques années déjà se trouvait dans la maison et qui l'avait suivie dans le voyage de Suède, l'aidait à faire les honneurs de ses réceptions, tandis qu'un gentilhomme français, M. Gentil de Saint-Alphonse, remplissait auprès d'elle les fonctions de majordome.

La correspondance échangée entre Charles-Jean et son épouse pendant le long séjour de celle-ci à Paris de 1810 à 1823 ne s'est pas retrouvée et aura sans doute été brûlée. Il est vraisemblable qu'elle a été d'un intérêt secondaire au point de vue de la politique, s'occupant principalement du jeune prince Oscar, séparé pendant tout ce temps de sa mère. Le prince s'appliquait à s'identifier avec sa nouvelle patrie, dont il s'appropriait la langue et les idées. On sait pourtant que la princesse royale servit plusieurs fois d'intermédiaire entre Charles-Jean et des hommes politiques français, notamment Fouché et Talleyrand, qui cherchèrent à exploiter l'influence de l'ex-maréchal Bernadotte, devenu prince royal de Suède, en faveur de leur maître. On sait aussi que ces efforts échouèrent parce que l'intérêt de la Suède primait dorénavant tout autre intérêt aux yeux de celui qui avait accepté loyalement la mission à laquelle l'avaient appelé les suffrages de la diète suédoise.

La princesse royale passa de tristes jours en 1813 et 1814. Il est naturel que la conduite imposée à Charles-Jean par ses devoirs envers ses futurs sujets lui fit encourir le blâme de ses anciens concitoyens, mais la princesse n'en était pas moins froissée chaque fois qu'elle entendait exprimer ce blâme. En ces temps si pénibles pour elle, la personne qu'elle avait le plus de plaisir à rencontrer, en dehors de ses proches, était la reine de Westphalie, née princesse de Wurtemberg. « C'était », lui ai-je entendu dire, « une « femme de cœur, toujours prête à se sacri- « fier au devoir. Quoique nos maris se « trouvassent dans des camps opposés, « elle ne cessa pas de me témoigner sa « sympathie et son amitié. »

Au chagrin que ressentait la princesse en voyant la Suède en guerre avec la France vint bientôt s'ajouter l'inquiétude que lui inspirait l'avenir de sa sœur chérie. Le 30 mai 1814, le roi Joseph écrivait à sa femme : « Je pense toujours que, si ta santé te le permet, tu dois partir avec les enfants, Nicot, Presles et les autres personnes que tu voudras avoir avec toi. Sinon il faudrait faire partir les enfants. La maison de ta sœur est ton meilleur refuge. » Ce refuge, la reine Julie ne devait plus le trouver dans sa patrie. L'un des premiers actes du gouvernement de la Restauration fut d'interdire le séjour de la France aux membres de la famille de Napoléon. C'était un coup cruel pour la princesse royale de Suède, qui allait être séparée de sa sœur. Louis XVIII lui ayant fait exprimer son désir de lui être agréable, elle crut pouvoir s'entremettre en faveur de l'ex-reine d'Espagne. Le Roi fut inexorable.

On raconte que le duc de Richelieu, porteur de la mauvaise nouvelle, s'acquitta de sa pénible mission avec une grâce si parfaite que la princesse royale, qui le voyait pour la première fois, resta, malgré sa vive contrariété, sous le charme du messager. Il se peut que la princesse ait été sensible aux ménagements avec lesquels le ministre de Louis XVIII lui annonça l'insuccès de sa démarche, d'autant plus que M. de Richelieu, au dire de tous ceux qui l'ont connu, était un homme très séduisant, mais il est certain qu'elle ne lui adressa jamais la parole depuis.

Charles XIII mourut en 1818, et Charles-Jean ceignit les couronnes de Suède et de Norvège. La nouvelle reine n'en continua pas moins à habiter Paris sous le nom de comtesse de Gotland, trouvant sans cesse de nouveaux prétextes pour ajourner son départ. Elle entreprit cependant un voyage en 1822. Le prince royal Oscar voyageait sur le continent, et comme pour plusieurs raisons il avait été jugé inopportun qu'il visitât la France, la mère et le fils se rencontrèrent à Aix-la-Chapelle. Il y avait presque douze ans qu'ils ne s'étaient vus. L'enfant de onze ans était devenu un beau jeune homme dont la Reine pouvait à bon droit être fière. Les quelques jours que dura l'entrevue d'Aix-la-Chapelle hâtèrent le départ de la Reine pour la Suède, en lui faisant sentir que le bonheur de vivre auprès de son mari et de son fils pouvait bien la dédommager de la perte de l'indépendance relative dont elle jouissait à Paris. Ce ne fut pourtant qu'en 1823 qu'elle quitta définitivement la France.

La Reine profita de son voyage à Aix-la-Chapelle pour revoir à Bruxelles sa sœur Julie, dont la fille Zénaïde épousait justement alors son cousin Charles, fils de Lucien Bonaparte. L'ex-reine d'Espagne, qui avait obtenu à cette occasion l'autorisation de venir en Belgique, désirait ardemment y prolonger son séjour, mais il fallait pour cela le consentement du gouvernement français. La reine Désirée s'entremit en sa faveur en écrivant à madame Récamier, l'amie de Mathieu de Montmorency, qui était alors ministre des affaires étrangères. Sa lettre a été publiée dans la correspondance de madame Récamier.

Avant de retourner à Paris, la Reine alla en Suisse et s'arrêta quelque temps à Prangins. C'est là qu'elle reçut la nouvelle des fiançailles de son fils avec la princesse Joséphine de Leuchtenberg, la fille aînée d'Eugène Beauharnais. L'ancien vice-roi d'Italie, marié à une princesse de Bavière et créé duc de Leuchtenberg et prince d'Eichstaedt par son beau-père, s'était établi à Munich après la chute de l'Empire.

Charles-Jean eût sans doute préféré une alliance avec une maison royale, et que la future reine de Suède et de Norvège appartînt à la religion protestante; mais il était impossible de trouver mieux, au point de vue de la naissance, pour le fils du général de la Révolution dont l'élévation sur un trône était de date encore trop récente pour que le souvenir de son humble origine eût eu le temps de s'effacer de la mémoire des princes d'ancienne lignée. Une clause spéciale du contrat de mariage allait remédier à l'inconvénient résultant de la religion de la jeune princesse catholique, en stipulant que tous les enfants à naître de son union avec le prince royal seraient élevés dans la foi protestante, selon la confession d'Augsbourg.

Le mariage du prince Oscar et de la princesse Joséphine eut lieu par procuration, et la princesse royale de Suède et de Norvège partit de Munich, entourée d'une cour suédoise, pour se rendre auprès de son époux. La reine Désirée quittait Paris en même temps, afin d'arriver à Stockholm avec sa belle-fille. Elles se rencontrèrent à Lubeck, d'où un vaisseau de ligne les amena jusqu'en vue du château royal de Stockholm. Pendant la traversée, la Reine fit ample connaissance avec celle qui devait être dorénavant sa principale société. Joséphine avait seize ans à peine; elle emportait, m'a-t-on dit, à Stockholm sa poupée favorite. Elle n'était donc pas alors de grande ressource pour sa belle-mère.

Une description des fêtes par lesquelles on salua à Stockholm l'arrivée de la Reine et de la princesse royale, n'entre pas dans le cadre de ce récit.

La Reine était partie de Paris avec l'idée bien arrêtée d'y revenir, mais le Roi ne voulut plus entendre parler de séparation. Malgré les circonstances qui pendant les vingt-cinq années de leur mariage avaient éloigné les augustes époux l'un de l'autre, Charles-Jean était sincèrement dévoué à celle qu'il avait choisie pour compagne, et il avait bien reconnu d'ailleurs depuis son avènement au trône que l'élément féminin est indispensable à une cour. La Reine resta.

Les souvenirs de la reine Désirée semblaient s'être arrêtés à partir de cette époque; du moins lorsque j'eus l'honneur de l'approcher, ne l'entendait-on que bien rarement parler des événements postérieurs. La pensée de Paris, des parents et des amis qu'elle y avait laissés, de son hôtel toujours prêt pour la recevoir, la préoccupait sans cesse, même lorsqu'en y réfléchissant, elle s'avouait qu'elle ne reverrait plus les lieux où elle avait mené l'existence qui convenait le mieux à ses goûts. Elle n'avait pourtant pas lieu de se plaindre de sa destinée. Le Roi lui avait organisé un état de maison royal et une cour nombreuse, qui s'efforçait de lui rendre la vie agréable ; mais les personnes qui l'entouraient étaient indifférentes aux choses qui l'intéressaient. Pendant les premières années de son séjour en Suède elle put encore s'entretenir du passé avec sa nièce, la comtesse Marcelle Tascher de la Pagerie, qui l'avait accompagnée avec le titre de maîtresse de la cour; mais lorsque celle-ci retourna à Paris, elle se trouva complètement isolée. Son existence devint monotone. Le Roi avait perdu l'habitude de la vie de famille pendant les longues années qu'il avait passées loin du foyer conjugal ; le prince royal et sa jeune épouse habitaient, il est vrai, le château royal, mais y avaient un établissement séparé. La Reine voyait bien son auguste époux tous les jours et ses enfants le plus souvent possible, mais la plupart du temps elle restait dans ses appartements à regretter l'époque où, libre de toute étiquette, elle vivait en France, entourée de parents et d'amis dévoués.

La naissance de ses petits-enfants fut pour la Reine une cause de joie sincère. La princesse Joséphine mit au monde successivement quatre fils et une fille. L'avenir de la dynastie semblait donc être assuré, et la Reine partagea avec Charles-Jean le juste orgueil que cette assurance devait leur inspirer.

Selon l'antique usage suédois, Charles-Jean avait été sacré et couronné peu de temps après son avènement au trône. La Reine tenait beaucoup à recevoir la même consécration, mais pendant longtemps elle rencontra des difficultés toutes les fois qu'elle en exprimait le désir. Elle finit pourtant par l'emporter, et le 21 août 1829 la couronne des reines de Suède fut posée sur sa tête dans l'église paroissiale de Saint-Nicolas à Stockholm. Un tableau a perpétué le souvenir de cette cérémonie, qui resta profondément gravé dans la mémoire de la Reine. Quelle n'a pas dû être en effet, à cette heure solennelle, l'émotion de celle dont les pensées se sont nécessairement reportées aux jours de son enfance dans la modeste maison paternelle, de sa jeunesse, passée au milieu des troubles de la Révolution, et des premières années de son mariage, lorsque son ambition se bornait à être la femme d'un soldat républicain!

Autant la première partie de la vie de la reine Désirée est pleine d'intérêt, autant la dernière en est dénuée, et ce serait une tâche ingrate de raconter comment elle passa les trente années qui séparent son couronnement de sa mort. Menant dès son arrivée en Suède une existence isolée de fait, elle fut moins éprouvée par la mort de Charles-Jean, survenue en 1844, qu'elle ne l'aurait été si à la douleur sincère qu'elle éprouva s'était ajouté un changement complet dans ses habitudes. Le roi Oscar, qui adorait sa mère et qui ne cessait de l'entourer des soins les plus tendres, ne voulut pas qu'elle changeât sa manière de vivre, et elle continua par conséquent à habiter les mêmes appartements qu'elle occupait depuis son arrivée en Suède, appartements destinés au souverain et qui sont aujourd'hui occupés par le roi Oscar II et la reine Sophie. Le château de Rosersberg était la résidence d'été habituelle de la Reine mère, qui avait en outre à sa disposition une partie du château de Drottningholm, où elle allait passer quelque temps auprès du Roi son fils, lorsque la cour venait s'y installer pour être à proximité de Stockholm. Parfois la reine Désirée entreprenait quelque voyage pour ne pas se séparer du

Roi. Elle visita ainsi plus d'une fois la Norvège et vint souvent dans le midi de la Suède; mais elle n'eut jamais l'énergie nécessaire pour mettre en action son plan constant de revoir Paris. Une fois elle s'embarqua dans ce but. C'était à Carlskrona et à bord d'une frégate que commandait son petit-fils, le duc d'Ostrogothie, aujourd'hui roi de Suède et de Norvège; mais arrivée à une petite distance de la côte, elle sentit le courage lui manquer et ne tarda pas à se faire déposer sur le sol de la Suède, qu'elle ne devait plus quitter. Fut-ce uniquement la crainte du mal de mer qui lui fit changer de dessein, ou bien reconnut-elle au dernier moment qu'après tout Paris ne pourrait plus lui rendre le passé, objet de sa pensée constante? Elle n'avoua que la première de ces raisons.

La reine Désirée eut la douleur d'assister à la lente agonie de son fils. Le roi Oscar Ier mourut en 1859, mais déjà quelques années avant sa mort ce souverain, qui par sa bonne volonté et sa sagesse autant que par ses mérites était digne de l'estime dont ses sujets ont entouré sa mémoire, n'était plus que l'ombre de lui-même; une maladie de la moelle épinière avait affaibli toutes ses facultés et l'avait contraint à remettre la régence au prince royal son fils. La vieille reine vit donc la troisième génération des Bernadotte monter sur le trône dans la personne de son petit-fils, le roi Charles XV, mais elle ne devait pas survivre longtemps à son fils. Le 17 décembre 1860, elle s'éteignit doucement et sans qu'aucune indisposition eût fait prévoir sa fin prochaine. Sa belle-fille, la reine Joséphine, prévenue qu'elle était tombée en défaillance en rentrant d'une promenade en voiture, arriva à temps pour recueillir son dernier soupir.

Ses restes furent déposés auprès de ceux de son époux et de son fils dans le caveau royal des Bernadotte, en l'église de Riddarholmen, à Stockholm.

La reine Désirée unissait à une grande bonté une intelligence bien supérieure à celle que lui attribuaient en général les personnes qui ne l'approchèrent que dans les dernières années de sa vie. Son illustre époux, dont nul ne peut plus que moi reconnaître la valeur et le génie, ne serait probablement jamais parvenu à sa haute fortune s'il ne s'était laissé guider dans maintes occasions par les avis de sa compagne. Si Bernadotte devint maréchal de France, si, en qualité de gouverneur et de général en chef dans le nord de l'Allemagne, il eut l'occasion d'attirer sur lui l'attention des Suédois, et obtint par la suite les suffrages de la diète d'Örebro, qui l'appela au trône de Suède, les conseils de sa femme ne furent pas étrangers à ces succès. Des causes qui paraissent sans importance ont parfois de grands résultats. La destinée de Moreau, dont à un moment donné la situation avait beaucoup d'analogie avec celle de Bernadotte, aurait vraisemblablement été brillante jusqu'à la fin de ses jours, si l'envie et l'humeur de madame Moreau n'avaient exercé une influence fâcheuse sur la conduite du vainqueur de Hohenlinden. La reine Désirée ne se vantait pas cependant du rôle qu'elle avait joué. Elle trouvait tout à fait naturel qu'elle eût contribué à la gloire de son mari. Son esprit ne se plaisait pas d'ailleurs dans les entretiens politiques. En vraie enfant de Marseille, elle aimait la gaieté et ne pouvait souffrir la pédanterie.

J'ai dit que la Reine était bonne. En effet, elle n'a jamais fait exprès de la peine à personne. Il est assez naturel que, pendant les trente-sept années qu'elle passa en Suède, son caractère ait subi l'influence de la vie isolée à laquelle elle se trouva condamnée subitement, et que les personnes qui ne la connurent que vers la fin de sa vie, ignorantes du passé, objet principal de ses pensées, ne l'aient pas toujours appréciée à sa juste valeur. Elle avait été dorlotée toute sa vie par les hommes et par le sort; il ne fallait donc pas s'étonner si de temps en temps elle se montrait un peu capricieuse ou impatiente. Il suffisait d'un mot placé à propos pour ramener le sourire sur ses lèvres et lui faire oublier la cause de son humeur; mais ce mot n'était pas toujours à la portée de ceux qui entouraient la Reine et qui souvent prenaient la vivacité de l'enfant gâtée pour de la vraie colère. Ils se trompaient.

La reine Désirée était petite de taille et a dû être jolie, à en juger par ses portraits, notamment celui en pied, peint par Gérard, qui se trouve au château royal de Stockholm. Elle était encore, dans la vieillesse, très gracieuse, et l'on devinait qu'elle avait été très mignonne.

La veille de son débarquement en Suède, Charles-Jean avait adopté la religion de ses futurs sujets. C'était un acte indispensable. La reine Désirée resta catholique romaine jusqu'à sa mort. Je dois pourtant à la vérité de dire qu'elle n'était rien moins que dévote, et que ses opinions en matière de religion se ressentaient des circonstances dans lesquelles sa jeunesse s'était écoulée. Son instruction religieuse avait été négligée à une époque où l'on était en général trop préoccupé de sauver sa tête pour songer au salut de son âme. Ennemie de toute hypocrisie, elle n'affecta jamais des sentiments qui lui étaient étrangers et resta toujours assez indifférente aux choses de la religion. Sa belle-fille, élevée à Munich, dans les principes les plus sévères de l'Église de Rome, voyait cette indifférence avec désespoir. Pour lui faire plaisir, la reine Désirée allait à la messe et remplissait tant bien que mal ses devoirs religieux, mais elle n'attachait elle-même aucune importance à ces pratiques, qu'elle considérait plutôt comme des concessions gênantes. Lorsqu'elle avait promis de se confesser, elle était très embarrassée de ce qu'elle allait dire, ne trouvant pas que son goût pour la toilette et le plaisir qu'elle éprouvait à l'Opéra méritassent le gros nom de péchés.

N'étant jamais parvenue à comprendre le suédois, elle n'avait pas souvent l'occasion de satisfaire son penchant pour le spectacle, mais les soirs d'Opéra on la voyait dans la loge royale; — elle y parut même peu d'heures avant sa mort. — Ainsi qu'on le voit par les lettres du général Bernadotte à sa femme, la reine Désirée s'était occupée de musique dans sa jeunesse. « Je « jouais justement l'ouverture du *Calife de* « *Bagdad* », me dit-elle, « quand on vint

« m'annoncer la mort du roi Charles XIII.
« Depuis, je n'ai plus jamais touché à mon
« clavecin, parce que je trouvais qu'une
« reine ne doit pas jouer mal. »

Dans les dernières années de sa vie, la Reine éprouva de vives alarmes au sujet de son hôtel de la rue d'Anjou, menacé par les projets d'embellissement de Paris. Elle reconnaissait bien l'invraisemblance, voire même l'impossibilité d'un voyage en France, mais la pensée que les démolisseurs allaient attaquer la maison où elle avait passé les années les plus heureuses de sa vie lui était très pénible. Si je ne me trompe, l'empereur Napoléon III, informé par son représentant à Stockholm des inquiétudes de la Reine, lui accorda un sursis. Quoi qu'il en soit, l'hôtel, avec ses dépendances qui s'étendaient jusqu'à la rue de la Madeleine, resta intact jusqu'à la mort de sa royale propriétaire.

J'ai tâché de peindre la reine Désirée

selon mes souvenirs. L'essai sera sans doute jugé incomplet à plus d'un point de vue, mais son but sera atteint si les personnes qui se seront donné la peine de le parcourir reconnaissent que Désirée Clary, reine de Suède et de Norvège, fut toujours digne de sa destinée, que c'était une femme de bien.

FIN.

PARIS
TYPOGRAPHIE DE E. PLON, NOURRIT ET Cie
Rue Garancière, 8.

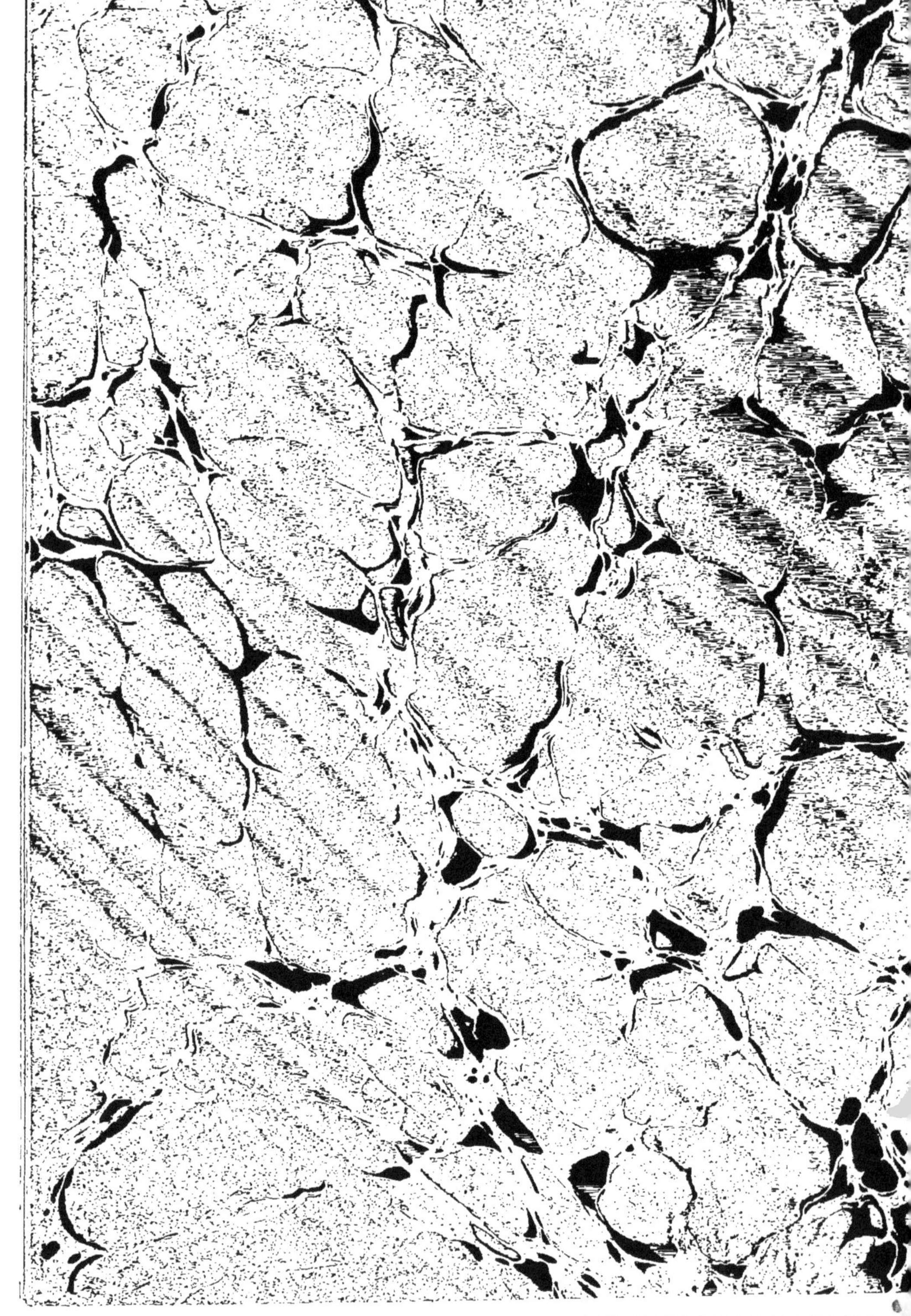

www.ingramcontent.com/pod-product-compliance
Ingram Content Group UK Ltd.
Pitfield, Milton Keynes, MK11 3LW, UK
UKHW020356230726
13925UKWH00003B/1148

9 782014 432077